Carluccio's COLLECTION

ANTIPASTI

ANTONIO & PRISCILLA CARLUCCIO

Fotos von André Martin

WILHELM HEYNE VERLAG
MÜNCHEN

Inhalt

Wenn nicht anders angegeben, sind die Rezepte für 4 Personen berechnet.

Vorwort

Als ich vor nicht allzu langer Zeit ein kleines Landgasthaus in der italienischen Provinz Asti besuchte, servierte man mir dort nacheinander eine Auswahl verschiedener kalter und warmer Antipasti und eine besser als die andere. Sie umfaßten *Tomino,* einen regionalen Kuhmilchhartkäse, in Öl eingelegt mit Petersilie, Knoblauch und Chili, knackigen Staudensellerie, umwickelt mit rohem Schinken, *Prosciutto* in einem Spinat-Omelett, Birnenscheiben mit Spänen des Hartschimmelkäses *Castelmagno, Crostino* mit Steinpilzen, Kochwurstscheiben mit Käsesauce und Trüffel und zuletzt einen frischen Salat aus Spinat und Walnüssen.

Doch damit nicht genug. Dem Vorspeisenteller folgte eine große Platte untadeliger, frisch zubereiteter Ravioli, danach Tagliolini mit Pilzsauce, auch der Hauptgang mit Roastbeef und Fasan zu geschmorten Karden und Kartoffeln war zu delikat, um ihn auszulassen. Doch ich schaffte es schließlich nicht mehr, auch noch das Dessert zu probieren, es war einfach zu viel! Was am wichtigsten war: Die Zutaten waren von erstaunlicher Qualität, sie stammten aus der unmittelbaren Umgebung, vom Fleisch über das Gemüse bis hin zu den Trüffeln – und dieses denkwürdige Festmahl war das Mittagessen eines einfachen Arbeiters!

Antipasti (wörtlich »vor der Pasta«) spielen eine wichtige Rolle in der Abfolge eines italienischen Menüs. Sie sollen als kleines Gericht den Appetit anregen und Gaumen und Magensäfte auf die folgenden Hauptgänge vorbereiten.

Traditionell dominieren konservierte Nahrungsmittel den Vorspeisenteller, in der Emilia-Romagna, beispielsweise Scheiben von Salami, Schinken oder anderen Fleischspezialitäten, von *bresaola* bis hin zu *capicollo* oder *coppa*, die man zu sauer eingelegtem Gemüse serviert, das man während des Sommers für »Regentage« eingemacht hat. Dies tat man früher in der Erntezeit, wenn es reichlich und in bester Qualität zur Verfügung stand. Auch heute noch werden im Sommer von vielen Familien wenigstens einige Gläser mit Perlzwiebeln, gemischtem Gemüse oder einigen Gurken in Essig gekocht und in Öl eingelegt, entweder aus eigener Ernte oder frisch vom Markt.

Zu den beliebtesten Zutaten gehören wahrscheinlich *porcini* (Steinpilze), die nur wild wachsen und, egal ob selbst gesammelt oder gekauft, die Krönung jedes anständigen norditalienischen Vorspeisentellers bilden. Kaum weniger begehrt auf der Antipasti-Platte sind andere Wildpilze wie Honigpilze oder Pfifferlinge. Neben diesen »Klassikern« gibt es eine Vielzahl weiterer Vorspeisen, die man heute überall erhält. Sie werden zwar nicht mehr selbst hergestellt, jedoch zur Freude der Kunden in großer Auswahl in Spezialhandlungen für Fleisch und Schinken (*salumerie*) bereitgehalten.

In Piemont, das eine lange Vorspeisen-Tradition besitzt, findet man auch eine reiche Auswahl an warmen Gerichten, basierend auf Gekochtem und abgerundet mit Trüffeln. Auch Ligurien, das Veneto und die meisten anderen Küstenregionen pflegen ihre eigene Antipasti-Tradition. Im Süden, wo die Betonung eher auf Fisch, Käse und Gemüse liegt, bedient man sich ebenfalls bevorzugt regionaler Zutaten. Die unvergeßliche *bottarga* aus Rogen von Thunfisch oder Meeräsche ist besonders in Sardinien oder Sizilien beliebt, während getrockneter und gesalzener Thun- oder Schwertfisch dort dieselbe Rolle spielt wie die Salami im Norden.

Menge und Vielfalt der Antipasti-Variationen, die ursprünglich aus dem Norden Italiens kommen, sich inzwischen jedoch immer stärker auch im Süden ausbreiten, haben sogar die klassische italienische Speisenfolge beeinflußt. Gewöhnlich beginnt jeder Küchenchef mit seiner persönlichen Vorspeisenauswahl, gefolgt vom ersten Gang, einem Hauptgang mit Salat, Käse und schließlich dem Dessert. Um den Magen nicht zu überfordern, sind die einzelnen Portionen allerdings eher klein und variabel. Durch wechselnde Zusammensetzung aus Fett, Eiweiß, Kohlenhydraten und Flüssigkeiten ist eine perfekt ausgewogene Ernährung gewährleistet. Durch die größere Vorspeisenauswahl heutzutage hat sich die Balance zwischen den einzelnen Gängen verändert: Sie bieten immer größere Abwechslung, während die Portionen kleiner werden.

Mein Favorit unter den Vorspeisen sind *Acciughe in salsa verde* – große Anchovisfilets, die mit viel fein gehackter Petersilie, Knoblauch und Chili in Öl eingelegt werden. Sie sind besonders pikant, schmecken gut zu Brot und Butter und sind auch um Mitternacht noch eine leckere Zwischenmahlzeit, wenn das Knacken der Kühlschranktür verrät, daß ein Familienmitglied noch Hunger hat...

Die Antipasti-Platte bietet eine breite Auswahl von hochwertigen Zutaten und Gerichten, die auch das fachliche Spektrum eines Küchenchefs spiegeln. Versuchen Sie doch einmal selbst, interessante neue Zusammenstellungen zu entwickeln, doch behalten Sie dabei immer die kulinarischen Traditionen der jeweiligen Region im Auge, die sich mit den Zutaten verbinden, vergessen Sie aber auch die folgenden Gänge des Menüs dabei nicht. – *Buon Appetito!*

Pinzimonio

ROHKOSTDIP MIT OLIVENÖL

2 Bund Lauchzwiebeln, geputzt
4 kleine, zarte Artischocken, von denen die äußeren Blätter entfernt wurden, in Achtel geschnitten
2 junge Fenchelknollen, der Länge nach in Achtel geschnitten
innere Stiele und Herzen von 4 jungen Selleriestangen
8 kleine junge Möhren
pro Person 1 Töpfchen oder Schüsselchen Olivenöl extra vergine
Salz und frisch gemahlener Pfeffer

Das gesamte Gemüse in eine große Schüssel mit Eiswürfeln und etwas Wasser geben und in die Mitte des Tisches stellen. In jedes Schüsselchen mit Öl je einen Teelöffel Salz und Pfeffer geben, die sich am Boden absetzen.

Jeder Gast nimmt ein Stück Gemüse, taucht es in das Öl und versucht dabei, etwas Salz und Pfeffer aufzunehmen. Dazu reicht man frisches Brot.

Pinzimonio, in Rom auch als *Cazzimperio* bekannt, ist das Überraschungsgericht, das in guten toskanischen Trattorien auf den Tisch kommt.

Olio d'Oliva (Olivenöl)

In den letzten 2000 Jahren hat sich das Olivenöl zu einer Art Symbol für die hohe Qualität italienischer Landwirtschaftsprodukte entwickelt. Mit Ausnahme des Piemont und der Lombardei, wo Klima und Boden ungeeignet sind, gedeihen Olivenbäume in allen 18 Regionen Italiens. Die Oliven werden sofort nach der Ernte in eine Ölmühle (frantoio) transportiert und zwischen zwei riesigen rotierenden Mühlsteinen zu Brei zerquetscht. Der Brei wird gleichmäßig auf runden Matten ausgebreitet, die wie eine Schichttorte aufeinandergelegt und mit hydraulischen Pressen zusammengedrückt werden, bis auch der letzte Tropfen Öl herausgeflossen ist. Die Flüssigkeit wird in großen Behältern gesammelt, wo sie sich in kaltes grünes Olivenöl, das oben schwimmt, und Wasser trennt. Das Öl wird abgeschöpft und gefiltert, um alle Unreinheiten zu entfernen. Olivenöl ist empfindlich gegen Sonnenlicht, das seine Qualität erheblich beeinträchtigen kann. Deshalb wird es völlig dunkel aufbewahrt, bis man es zum Verkauf in getönte Glasflaschen abfüllt.

Fiori di Zucchini Fritti

FRITIERTE ZUCCHINIBLÜTEN

Fiori di Zucchini (Zucchiniblüten)

Wie der größere Kürbis wachsen auch Zucchini dicht am Boden, die Pflanze selbst ist jedoch buschiger als die anderen Mitglieder dieser Familie. Zucchini werden in ganz Italien angebaut und passen sich ohne weiteres verschiedenen Bodentypen an. Wegen ihrer kulinarischen Vielseitigkeit und ihrer wertvollen Inhaltsstoffe sind sie allgemein beliebt. Wie die anderen Pflanzen dieser Familie, z. B. der Kürbis, haben auch Zucchini hübsche Blüten, die eßbar sind. Überall in Italien werden auf den Märkten die Blüten der männlichen Pflanzen, die keine Früchte tragen, mit ihren typischen langen Stielen in großen Büscheln verkauft. Man verwendet sie am besten, wenn sie geöffnet sind; dann kann man sie ungefüllt oder mit Mischungen aus Spinat, Ricotta und Parmesan in einem einfachen Teig aus Mehl, Salz und Wasser tauchen oder in geschlagenem Ei wenden und fritieren.

2 Eier
150 g Mehl
4 EL Bier
20 Zucchiniblüten, orangefarben, noch geschlossen
Salz und Pfeffer
Olivenöl zum Fritieren

Die Eier mit etwas Salz und Pfeffer verquirlen, danach Mehl und Bier unterrühren, so daß man einen leichten Eierteig erhält. Wenn die Blüten bereits geöffnet sind, die Kelche auf Insekten untersuchen.

Die Blüten nacheinander in den Teig tauchen und portionsweise in heißem Öl goldgelb fritieren. Wenn Sie eine kleinere Pfanne verwenden, benötigen Sie weniger Öl.

Es gibt zwei Varianten dieses originellen Rezepts, für das die Blüten gefüllt oder so, wie sie sind, in einen leichten Eierteig getaucht und fritiert werden. Beide sind ausgesprochen köstlich.

Sonnengetrocknetes Gemüse

Tomaten in der Sonne zu trocknen, ist nur eine von vielen raffinierten Methoden, um das ganze Jahr über eine große Auswahl aromatischer Gemüsesorten zur Verfügung zu haben. Sonnengetrocknete Tomaten werden nicht nur wegen ihres typischen Geschmacks und ihrer fleischigen Textur, sondern auch wegen ihrer guten Haltbarkeit hoch geschätzt. Der Rest der Welt entdeckte ihre Qualitäten allerdings erst relativ spät, sehr zum Erstaunen der Italiener, die sie schon seit Jahrhunderten verwenden.

Ihr großer Erfolg führte dazu, daß inzwischen eine breite Palette ähnlicher Produkte angeboten wird, darunter getrocknete Auberginen, Paprikaschoten und Zucchini. Zum Trocknen wird das Gemüse in Streifen geschnitten, mit Salz bestreut und – wie auch bei Tomaten üblich – auf großen Tabletts in die Sonne gestellt. Einen ähnlichen Effekt können Sie selbst zu Hause erzielen, wenn sie Gemüsestreifen auf einem Blech mehrere Stunden bei geringer Hitze im Backofen trocknen.

Zucchini alla Scapece

MARINIERTE ZUCCHINI

800 g junge Zucchini, in 2 mm dünne Scheiben geschnitten
2 EL Minzeblätter
1 Knoblauchzehe, geschält und halbiert
Salz
Olivenöl zum Braten
2 EL Weiflweinessig

Zucchinischeiben in reichlich heißem Öl auf beiden Seiten hellbraun anbraten; sie sollten im Öl schwimmen – eventuell portionsweise garen. In einem Sieb abtropfen lassen, damit das überschüssige Öl ablaufen kann, dann die Zucchinischeiben in eine Porzellanschüssel geben.

Wenn alle Zucchini gebraten sind, Minzeblätter und Knoblauch dazugeben. (Letzterer wird nur zum Aromatisieren beigegeben und vor dem Servieren entfernt.) Mit Salz abschmecken und mindestens 2 Eßlöffel Essig – nach Belieben auch mehr – unterrühren. Mindestens 2 Stunden marinieren lassen.

Scapece leitet sich wohl von dem portugiesischen Wort *escabèche* ab, was soviel wie »mariniert« bedeutet. Dies ist eine wunderbare Beilage zu gegrilltem Lamm oder Schwein oder Teil eines Antipasto.

Verdure alla Griglia (Gegrilltes Gemüse)

Das Grillen über Holzkohlenglut ist eine besonders schnelle Art der Zubereitung; darüber hinaus bekommt das Gemüse durch den Rauch ein besonderes Aroma und einen interessanteren Geschmack. Radicchio, Zucchini, Auberginen, Paprikaschoten, Zwiebeln und Artischocken eignen sich gut dafür. Härteres Gemüse wie Fenchel- oder Sellerieknollen muß erst blanchiert und in Scheiben geschnitten werden, bevor man es auf den Rost legt. Damit das Gemüse nicht schwarz wird, bestreicht man es mit einer Marinade aus Olivenöl, Zitrone, zerdrücktem Knoblauch, Salz und Pfeffer. Gemüse vom Holzkohlengrill kann man als Vorspeise essen oder als Beilage zu gegrilltem Fleisch oder Fisch.

Melanzane (Auberginen)

Auberginen sind im ganzen Mittelmeerraum verbreitet und werden hauptsächlich im Süden Italiens angebaut, besonders in Kampanien, Apulien, Kalabrien, Sizilien und Sardinien. Es gibt unzählige Zubereitungsarten: ob in Mehl und geschlagenem Ei gewendet und in Öl gebraten, als Auflauf mit Tomaten, Mozzarella oder Fontina oder »sott'olio«, in Öl konserviert.

Auberginen können lang und oval, aber auch rundlich wie große Eier aussehen. Frische Exemplare sollten sich fest anfühlen. Sie haben in der Regel eine straffe, glatte Schale, deren Farbpalette von Dunkel- über Hellviolett bis hin zu Weiß reicht. Das Fruchtfleisch ist weiß und enthält eine Menge kleiner, weicher Samenkörner. Auberginen haben einen leicht bitteren Geschmack, so daß man sie vor dem Kochen meist in Scheiben schneidet, salzt und dann stehen läßt, bis das Salz den Früchten die Bitterstoffe entzogen hat.

Melanzane Fritte

GEBRATENE AUBERGINEN

2 große Auberginen, in fingergroße Streifen geschnitten
125 ml Olivenöl
Salz

Die Auberginenstreifen 1 Stunde in leicht gesalzenem Wasser wässern, dann abgießen und überschüssige Flüssigkeit ausdrücken. Öl in einer großen Pfanne erhitzen, und die Auberginen auf beiden Seiten darin braten, bis sie braun sind. Salzen und nach Wunsch heiß oder kalt servieren.

Peperoni Fritti

GEBRATENE PAPRIKASCHOTEN

6 EL Olivenöl
etwa 600 g ganze süße Baby-Paprikaschoten
2 Knoblauchzehen
½ kleine Chilischote ohne Kerne, kleingeschnitten
Salz

Das Olivenöl in einer schweren Pfanne erhitzen. Die Paprikaschoten darin 5 Minuten unter mehrmaligem Umrühren braten. Wenn die Haut Blasen wirft, den Knoblauch dazugeben, danach Chili und Salz, und weitere 5 Minuten kochen. Heiß oder kalt als Vorspeise oder Beilage servieren.

Im Uhrzeigersinn von links oben: Zucchini alla Scapece, Peperoni Fritti, Peperoni e Olive und Melanzane Fritte

Peperoni e Olive

PAPRIKA MIT OLIVEN

125 ml Olivenöl
je 2 gelbe und rote Paprikaschoten, entkernt und in breite Streifen geschnitten
2 EL fein gehackte schwarze Oliven
2 Knoblauchzehen, fein gehackt
2 EL Weißweinessig
1 TL Zucker
Salz

Öl in einer Pfanne erhitzen, und die Paprikastreifen unter gelegentlichem Rühren etwa 20 Minuten darin weich braten. Oliven und Knoblauch dazugeben und einige Minuten mitgaren. Essig hinzufügen und rühren, bis er verdunstet ist, dann mit Zucker und etwas Salz abschmecken. Heiß oder kalt servieren.

Eine schmackhafte Ergänzung eines Antipasti-Tellers, die aus dem Süden Italiens stammt.

Paté di Olive Nere

SCHWARZE OLIVENPASTE

500 g feste schwarze Oliven
25 g in Salz eingelegte Kapern, 10 Minuten in Wasser eingeweicht, dann abgegossen
4 Anchovisfilets
1 TL frisch gemahlener schwarzer Pfeffer
1 kleine Chilischote, gehackt (nach Belieben)
1 Prise frischer oder getrockneter Oregano (nach Belieben)
125 ml Olivenöl extra vergine

Die Oliven entsteinen und darauf achten, daß nichts Hartes am Olivenfleisch zurückbleibt. Alle Zutaten außer dem Öl in den Mixer geben. Bei laufendem Motor das Öl langsam zugießen, bis eine streichfähige Masse entstanden ist. Salz ist nicht nötig, da Oliven, Kapern und Anchovis bereits sehr salzig sind. Wenn Sie Chili verwenden, verringern Sie die Pfeffermenge entsprechend.

Diesen beliebten Aufstrich für Crostini kann man auch mit grünen Oliven zubereiten, die Anchovis werden dann durch gemahlene Mandeln ersetzt.

Olive (Oliven)

Frisch gepflückte Oliven sind außerordentlich bitter, ganz gleich, ob reif (schwarz) oder unreif (grün). Sie werden erst durch das Einlegen in Salz fermentiert und genießbar gemacht. Tafeloliven, olive da tavola genannt, gedeihen hauptsächlich im Süden Italiens. Dazu zählen die ziemlich große grüne Ascolana aus den Marken und andere Sorten, die grün und unreif gepflückt werden, sich jedoch, wenn sie reif sind, dunkelviolett bis schwarz färben.

Die meisten der zahllosen Olivensorten, die auf den Märkten angeboten werden, ißt man mit Brot als Antipasto, man kann sie aber auch füllen oder zu Olivenpaste verarbeiten.

Olive Ascolane

GEFÜLLTE OLIVEN

55 g Butter
je 300 g Schweine- und Rinderhack
geriebene Schale von ½ Zitrone
1 Glas trockener Weißwein
1 EL Tomatenmark
100 g Salami und 55 g Mortadella, sehr fein gehackt
55 g schwarze Trüffel, in hauchdünne Späne geschnitten (nach Belieben)
55 g Parmesan, gerieben
2 EL gehackte glatte Petersilie
5 Eier
48–50 sehr große grüne Oliven (vorzugsweise Ascolane-Oliven)
Salz, Pfeffer, frisch geriebene Muskatnuß
Mehl zum Bestäuben, Semmelbrösel zum Wälzen
Olivenöl zum Fritieren, Zitronensaft (nach Belieben)

Die Butter in einem Topf erhitzen, dann Hackfleisch, Zitronenschale, Muskatnuß, Salz und Pfeffer hinzufügen und einige Minuten anbraten. Weißwein und Tomatenmark unterrühren und 30 bis 40 Minuten köcheln lassen. Abkühlen lassen, dann Salami, Mortadella, Trüffelspäne, Parmesan, Petersilie und 2 Eier unterrühren. Die Mischung pürieren, so daß die Paste noch eine feste Konsistenz hat. Mit einem scharfen, gebogenen Messer das Fleisch der Oliven spiralförmig vom Stein schneiden, so daß sich die Olive wie ein langes Band öffnen läßt. Jede Hülle mit etwas Fleischmischung füllen und wieder zu einer großen Olive formen.

Die restlichen Eier verquirlen. Gefüllte Oliven mit Mehl bestäuben und erst in den Eiern, dann in Semmelbröseln wälzen. In Olivenöl fritieren. Heiß mit etwas Zitronensaft oder kalt servieren.

Peperoni Ripieni

GEFÜLLTE PAPRIKASCHOTEN

FÜR 6 PERSONEN

3 große gelbe oder rote Paprika

300 g frische Semmelbrösel

1 EL in Salz eingelegte Kapern, 10 Minuten gewässert und abgetropft

1 EL fein gehackte schwarze Oliven

3 große Tomaten, gehäutet, entkernt und fein gewürfelt

1 Knoblauchzehe, sehr fein gehackt

2 EL grob gehackte glatte Petersilie

4 Anchovisfilets, fein gehackt

125 ml Olivenöl

Salz und Pfeffer

Den Backofen auf 180° C (Gas Stufe 3) vorheizen. Paprika halbieren und entkernen. Die Semmelbrösel in so viel Wasser einweichen, daß sie gerade bedeckt sind, dann überschüssige Flüssigkeit ausdrücken. Mit Kapern, Oliven, Tomaten, Knoblauch, Petersilie, Anchovis und der Hälfte des Olivenöls vermischen und mit Salz und Pfeffer abschmecken. Die Paprikaschoten mit der Mischung füllen und auf ein Backblech legen. Das restliche Olivenöl darüberträufeln und alles 30 Minuten backen, bis die Paprika weich sind und am Rand schon etwas schwarz werden. Warm oder kalt servieren.

Diese Zubereitungsart für Paprika ist typisch für den Süden Italiens. Leicht abgewandelt kocht man sie auf diese Art in Neapel.

Peperoni (Paprikaschoten)

Die aus Südamerika stammende Paprikaschote eroberte sich schnell ihren Platz in der italienischen Küche und wird heute im ganzen Land angebaut. Es gibt die verschiedensten Sorten von gelber oder roter, manchmal auch grüner Farbe. Obwohl man die Paprikaschote nicht mit ihrer engen Verwandten, der Chilischote, verwechseln darf, kann auch sie bei aller Süße leicht scharf sein.

Beim Säubern entfernt man die inneren Samen und Trennwände. Man kann die Schoten nicht nur braten und in Öl einlegen, sondern auch grillen, enthäuten, in Streifen schneiden und mit Olivenöl, Salz und Knoblauch anmachen oder sie halbieren und mit einer Vielzahl von Mischungen füllen und sie dann im Backofen backen, bis sie weich und die Füllung obenauf knusprig ist. Paprikaschoten werden heute auch sonnengetrocknet und so haltbar gemacht wie Tomaten, wofür sich am besten die gelben und roten Sorten eignen. Man kann sie dann mit etwas Essig und Wasser quellen lassen. Ihr konzentrierter, intensiver Geschmack macht sie zu beliebten Zutaten für Salate und Saucen.

Frittelle di Borraggine

BORRETSCH-BRÄTLINGE

Borage (Borretsch)

Diese ungewöhnliche Pflanze mit ihren hübschen hellblauen und gelben Blüten (die man zum Dekorieren von Salaten und Desserts verwendet) und ihren großen, dunkelgrünen, behaarten Blättern ist besonders in Kampanien und Ligurien beliebt. Ich koche die Blätter gern, bis sie zart sind, sautiere sie dann kurz mit Knoblauch und etwas Chili in Olivenöl extra vergine und träufele vor dem Servieren Zitronensaft darüber. In Ligurien, wo Borretsch neben vielen anderen Kräutern üppig gedeiht, wird er ähnlich zubereitet. Er ist auch eine wichtige Zutat des Preboggion, *einer Mischung aus wilden Kräutern, mit der* Pansòti *gefüllt werden.*

300 g Borretschblätter und -spitzen (mit Blüten)
100 g Mehl
1 Prise Salz
2 Eier, verquirlt
etwas Milch
reichlich Olivenöl zum Braten

Den Borretsch 3 Minuten in kochendem Salzwasser blanchieren, abgießen und gut abtropfen, dann abkühlen lassen. Mehl und Salz in eine Schüssel sieben. Eier und so viel Milch unterrühren, bis ein relativ flüssiger Teig entstanden ist. Die Borretschblätter in kleinen Portionen in den Teig tauchen, in reichlich heißem Öl goldgelb braten und auf Küchenkrepp abtropfen lassen. Die Brätlinge schmecken am besten warm zum Aperitif, man kann sie aber auch kalt servieren.

In Kampanien bereitet man Borretsch wie Spinat zu.

Acciughe Marinate

MARINIERTE ANCHOVIS

Acciughe (Anchovis)

Anchovis sind die wohl beliebtesten und vielseitigsten Fische Italiens. Die kleinen Salzwasserfische leben in tiefen Gewässern und nähern sich nur im Frühjahr während der Paarungszeit der Küste. Ihr Fang wird streng kontrolliert, damit die Bestände nicht leiden.

Frisch geschlüpfte Anchovis, neonati, latterini oder bianchetti genannt, werden mit Haut und Gräten mit ein wenig Zitronensaft verspeist oder für delikate Salate und Beignets verwendet. Ausgewachsene Fische werden höchstens 20 cm lang; man verarbeitet sie entweder frisch oder konserviert sie in Salz und Olivenöl.

Anchovis spielen eine Hauptrolle in der Küche der südlichen Küstenstreifen Italiens. Die besten acciughe *beziehungsweise* alici, *wie sie im Süden auch genannt werden, findet man im Golf von Neapel, wo besonders Salerno für seine ausgezeichneten konservierten Anchovis bekannt ist, und in Sizilien, wo Cefalù eines der Zentren der Sardellenindustrie ist.*

1 Knoblauchzehe, halbiert
Saft von 2 Zitronen
500 g ganz frische Anchovis
90 ml Olivenöl
1 EL fein gehackte glatte Petersilie
Salz und Pfeffer
evtl. 1 feingewürfelte Tomate als Garnitur

Die Knoblauchzehe im Zitronensaft etwa 1 Stunde durchziehen lassen; wenn dieser den Geschmack angenommen hat, Knoblauch wieder herausnehmen. In der Zwischenzeit die Köpfe der Anchovis entfernen, die Fische der Länge nach aufschneiden, ausnehmen und flach auseinanderklappen. Mit der Haut nach unten auf eine Servierplatte legen.

Zitronensaft mit Olivenöl, Petersilie, Salz und Pfeffer verrühren. Die Sauce über die Anchovis gießen und vor dem Servieren mindestens 2 Stunden marinieren lassen. Eventuell mit der gewürfelten Tomate garnieren und mit frischem Brot servieren.

Köstliche *antipasti di mare* wie diese sind Anfang eines Menüs im Restaurant San Giovanni in Cabarza, Ligurien.

In der Mitte: Sardine Ripiene (s. Seite 37), im Uhrzeigersinn von oben: Totano Ripieno (s. Seite 31), Cozze Ripiene (s. Seite 30), Schwertfisch-Carpaccio (s. Seite 35), marinierte Anchovis, Salat aus kleinen Kraken (s. Seite 33)

Cozze (Miesmuscheln)

Miesmuscheln werden in der italienischen Küche reichlich verwendet, vor allem in Süditalien und in der Lagune von Venedig, wo sie peoci *heißen. Bei Chioggia gibt es zahlreiche Muschelfarmen, wo die Miesmuscheln an langen, von Holzrahmen herabhängenden Seilen heranwachsen. Die hygienischen Verhältnisse werden sorgfältig überwacht, da Muscheln sehr anfällig für Umweltverschmutzung sind.*

Beim Kauf von Muscheln sollte man darauf achten, daß sie fest geschlossen und schwer sind. Nur dann sind sie noch lebendig und frisch. Vor dem Kochen werden sie gründlich unter fließendem kaltem Wasser gewaschen, Seepocken und Bärte kratzt man dabei mit einem scharfen Messer ab. Miesmuscheln, die nach dem Untertauchen in Wasser an die Oberfläche steigen, sollte man wegwerfen, ebenso diejenigen, die sich beim Kochen nicht öffnen.

Meist kocht man sie mit Pfeffer, Petersilie, Knoblauch oder Chili in etwas Weißwein. Man kann sie aber auch mit Knoblauch und Semmelbröseln bestreuen und überbacken.

Cozze Ripiene

GEFÜLLTE MIESMUSCHELN

Für die Füllung:
Semmelbrösel von 2 Bötchen
etwas Milch
60 g frische Mortadella, gewürfelt
2 Eier
55 g Parmesan, gerieben
1 Knoblauchzehe, sehr fein gehackt
2 EL glatte Petersilie, fein gehackt
Salz und Pfeffer

1 kg frische, fest geschlossene schwarze Miesmuscheln
1 EL Olivenöl
2 Knoblauchzehen, fein gehackt
1 Ei, verquirlt
schwarzer Pfeffer
Semmelbrösel zum Wälzen
Olivenöl zum Fritieren

Für die Füllung die Semmelbrösel mit etwas Milch einweichen, die überschüssige Flüssigkeit herausdrücken. Die Masse mit den restlichen Zutaten vermischen und abschmecken.

Die Muscheln säubern, wie in der Randspalte beschrieben, und mit Olivenöl und Knoblauch in einen großen Topf geben. Zugedeckt einige Minuten garen, dabei den Topf gelegentlich schütteln, damit die Muscheln sich öffnen. Wenn alle offen sind, mit schwarzem Pfeffer würzen und abkühlen lassen. Nicht geöffnete Muscheln wegwerfen.

Das Muschelfleisch aus den Schalen lösen und jeweils mit etwas Sardinenfüllung umhüllen. Wieder in die Muschel geben und schließen, so daß die Füllung etwas hervorschaut. Muscheln im verquirlten Ei, dann in Semmelbröseln wälzen und in Olivenöl goldgelb fritieren.

Totano Ripieno

GEFÜLLTE TOTANO-KALMARE

2 große Totano-Kalmare, insgesamt etwa 500 g
25 g Butter
Semmelbrösel von 2 Brötchen
etwas Milch
1 Knoblauchzehe, sehr fein gehackt
25 g Pinienkerne
1 EL glatte Petersilie, fein gehackt
2 Eier
Salz und Pfeffer

Kalmare vorbereiten, wie in der Randspalte beschrieben; Fangarme abschneiden, hacken und 6 bis 8 Minuten in Butter anbraten, dann beiseite stellen.

Semmelbrösel in etwas Milch einweichen, dann die überschüssige Flüssigkeit ausdrücken. Mit Knoblauch, Pinienkernen und Petersilie sowie Salz und Pfeffer nach Geschmack verrühren. Mit den Eiern binden und die gegarten Fangarme daruntermischen. Die Mäntel der Kalmare damit füllen und mit einem Zahnstocher zusammenstecken oder mit Nadel und Küchengarn zusammennähen.

Am besten schmecken die Kalmare, wenn sie 30 Minuten gedämpft werden, aber Sie können sie auch in einem Topf mit Schmalz und etwas Butter 20 Minuten dünsten. Die gegarten Kalmare abkühlen lassen und in Scheiben schneiden.

Calamaro (Kalmar)

Dieser beliebte Kopffüßler ist mit dem Kraken verwandt. Er besitzt zehn kurze Fangarme und führt Tinte mit sich, die er ausstößt, um Feinde zu verwirren. Um Kalmare zu putzen, entfernt man die Haut, zieht das durchsichtige Kalkblatt aus dem Mantel und wirft es fort. Der schwarze Tintenbeutel innerhalb des Körpers sollte vorsichtig herausgenommen und beiseite gelegt werden, falls man ihn weiterverwenden will.

Kalmare kann man im Ganzen kurz in Meerwasser gar ziehen lassen oder in Salaten essen. Häufig schneidet man sie in kleine oder große Ringe, bestäubt sie mit Mehl und bäckt sie in Öl knusprig aus. Man kann sie auch grillen oder im Ganzen füllen und im Ofen backen.

ZENGA

Insalata di Moscardini

SALAT AUS KLEINEN KRAKEN

500 g Moscardini (kleine Kraken)
4 EL Olivenöl, 1 1/2 EL Zitronensaft
1 Knoblauchzehe, sehr fein gehackt
1 EL glatte Petersilie, gehackt
Salz und Pfeffer

Die Moscardini in leicht gesalzenem Wasser etwa 12 Minuten kochen (je größer sie sind, desto länger die Kochzeit). Abgießen und mit Olivenöl, Zitronensaft, Knoblauch, Petersilie, Salz und Pfeffer anrichten.

Auf dem Vucceria-Markt in Palermo werden frische, rahmweiße Kraken ins kochende Wasser geworfen. Nach ein paar Minuten kommen sie wieder heraus, appetitlich rosarot und wunderbar zart. Sie werden am Stand zerschnitten, so daß man sie gleich essen kann.

Polpo, Moscardino (Krake, Seepolyp)

Der Krake besitzt in der Mitte seines ovalen Körpers einen kräftigen Schnabel, den man, ebenso wie die Augen, vor der Zubereitung entfernt. Man ißt ihn in Salaten oder frisch gekocht – affogato – wie in Neapel oder kocht ihn im zugedeckten Topf etwa 30 Minuten mit etwas Öl, Knoblauch, Tomaten, Oliven, Chili und Petersilie.

Dem Polpo ähnlich ist der kleinere Moscardino, der nur eine Reihe von Saugnäpfen an den Fangarmen trägt. Beide Arten können nach denselben Rezepten zubereitet werden, unterscheiden sich jedoch in der Kochzeit.

In den Küstenorten bereiten Straßenhändler fangfrischen Fisch für den Verkauf vor.

Acciughe Farcite al Forno

GEBACKENE GEFÜLLTE ANCHOVIS

24 fangfrische Anchovis, entgrätet
6 EL Olivenöl
2 Knoblauchzehen, sehr fein gehackt
4 EL Petersilie, grob gehackt
1 EL frische Basilikumblätter, grob gehackt
5 Salbeiblätter, fein gehackt
1 kleine Chilischote, sehr fein gehackt
25 g Pinienkerne
30 g Rosinen
Saft von 1 Zitrone
30 g Semmelbrösel
Salz und Pfeffer

Den Backofen auf 220° C (Gas Stufe7) vorheizen und ein Backblech mit etwas Olivenöl einfetten.

In einer Schüssel Knoblauch, Kräuter, Chili, Pinienkerne und Rosinen mit Salz und Pfeffer abschmecken. Einen Eßlöffel Olivenöl und ein paar Tropfen Zitronensaft hinzufügen und gut durchmischen.

12 Anchovis nebeneinander auf das Backblech legen, mit der Innenseite nach oben. Die Masse darüber verteilen, mit Zitronensaft beträufeln und die übrigen Anchovis darauflegen (mit der Innenseite nach unten). Die Semmelbrösel darüberstreuen und das restliche Ölivenöl daraufgeben.

10 bis 12 Minuten braun backen. Warm oder kalt mit dem verbleibenden Zitronensaft oder Zitronenscheiben servieren.

Pesce Spada Carpaccio

SCHWERTFISCH-CARPACCIO

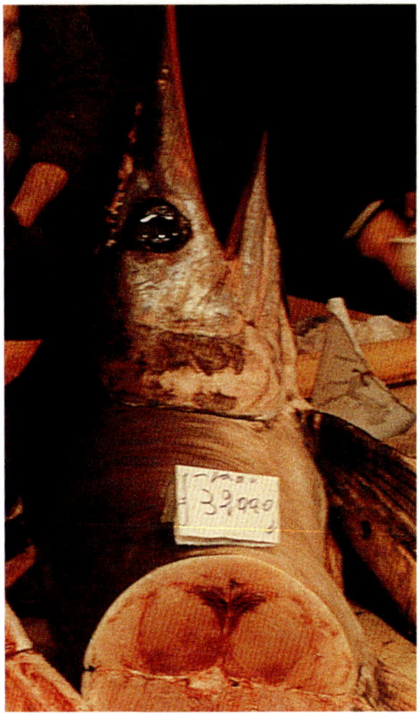

8 sehr dünne Scheiben Schwertfischfilet
3 EL Olivenöl
Saft von 1 Zitrone
1 EL glatte Petersilie, sehr fein gehackt
2 gehackte Frühlingszwiebeln
2 TL rosa Pfefferkörner
Salz und Pfeffer

Die Fischscheiben auf eine Servierplatte legen. Alle anderen Zutaten vermischen und mit Pfeffer würzen, über den Fisch gießen und diesen 30 Minuten marinieren lassen.

Ursprünglich aus rohem Rinderfilet zubereitet, werden heute alle Arten von dünn geschnittenem mariniertem Fleisch und Fisch als *Carpaccio* bezeichnet. Traditionell wurde in Italien eigentlich kein roher Fisch gegessen, doch in letzter Zeit kamen solche Gerichte stark in Mode. Dieses kann man leicht mit geräuchertem Lachs verwechseln.

Pesce Spada (Schwertfisch)

Schwertfische werden bis zu 4 m lang und 200 kg schwer. Man erkennt sie leicht an ihrem schwertartig verlängerten Oberkiefer. An den Küsten Sardiniens und Siziliens werden sie häufig mit Harpunen gefangen. Man läßt sie vor der Verwendung mindestens einen Tag abhängen.

In Konsistenz, Farbe und Geschmack ähnelt das Fleisch des Schwertfischs dem des Hais, und er wird auf ähnliche Weise zerlegt und zubereitet. Meist wird er gegrillt, inzwischen aber immer häufiger auch roh als Carpaccio oder geräuchert serviert.

Sardine alla Beccafico

GEBACKENE SARDINENRÖLLCHEN

16 ganz frische Sardinen, ohne Köpfe, ausgenommen und ohne Rückgrat
125 g frische Semmelbrösel
2 EL Pinienkerne
2 EL weiche Rosinen (eventuell vorher einweichen)
2 EL Olivenöl extra vergine
Saft von 2 großen Orangen
Salz und Pfeffer
18 frische Lorbeerblätter

Das Olivenöl in einer Pfanne erhitzen, und die Semmelbrösel vorsichtig bräunen, dabei mit einem Holzlöffel beständig umrühren. Danach abkühlen lassen.

Den Backofen auf 200° C (Gas Stufe 6) vorheizen. Rosinen, Pinienkerne, den Saft einer der Orangen, Salz und reichlich Pfeffer zu den Semmelbröseln geben und gut durchmischen. Sardinen waschen und mit Küchenkrepp trockentupfen. Auf die Innenseite jeder Sardine einen Eßlöffel der Füllung geben und zusammenrollen. Dicht nebeneinander auf ein Backblech legen, die Lorbeerblätter dazwischen, und 20 Minuten backen.

Sardinen aus dem Herd nehmen und mit dem Saft der zweiten Orange beträufeln.

Sardine Ripiene

GEFÜLLTE SARDINEN

12 ganz frische große Sardinen
1 Ei, verquirlt
Semmelbrösel zum Wälzen
Olivenöl zum Fritieren
FÜR DIE FÜLLUNG:
Semmelbrösel von 2 Brötchen
etwas Milch
60 g ganz frische Mortadella, gewürfelt
2 Eier
55 g Parmesan, gerieben
1 Knoblauchzehe, sehr fein gehackt
2 EL glatte Petersilie, fein gehackt
Salz und Pfeffer

Die Köpfe der Sardinen abschneiden und die Fische entgräten, am Rücken jedoch nicht auseinandertrennen. Für die Füllung die Semmelbrösel in etwas Milch einweichen, überschüssige Flüssigkeit herausdrücken. Die Masse mit den restlichen Zutaten vermischen und abschmecken. Die Sardinen damit füllen und wie ein Sandwich zuklappen. In verquirltem Ei und Semmelbröseln wälzen und in Olivenöl goldgelb fritieren. Sofort servieren.

Venedigs berühmter Fischmarkt in Rialto.

Sardina (Sardine)

Der Name dieses Heringsfisches leitet sich wahrscheinlich von der Region her, wo er am meisten gefischt wurde, nämlich Sardinien. Sardinen kannten bereits die alten Römer. Man ißt sie in fast allen Mittelmeerländern. In den Küstenregionen Italiens gelten sie fast als Massenware und werden nicht nur frisch verzehrt, sondern auch in Öl und Salz konserviert. Das Fleisch ist relativ fett und schmeckt am besten gegrillt, mit etwas Zitronensaft, Olivenöl, Petersilie, Knoblauch, Salz und Pfeffer bestrichen. Man kann die Sardinen aber auch entgräten und füllen oder in Mehl, Ei und Semmelbröseln wenden und fritieren.

Die Sizilianer ehren die Sardine mit zwei besonderen Gerichten: Pasta con le sarde *(Pasta mit Sardinensauce) und Sardine alla Beccafico (siehe Seite 36).*

Im Uhrzeigersinn von oben: Anchovis in Salsa Verde (s. Seite 40), Sardine alla Beccafico (s. Seite 36), gebackene und gefüllte Anchovis (s. Seite 34).

Salsa Verde

GRÜNE SAUCE

6 in Salz eingelegte Anchovisfilets, 10 Minuten in Wasser eingeweicht, dann abgegossen
25 g in Salz eingelegte Kapern, 10 Minuten in Wasser eingeweicht, dann abgegossen
2 Knoblauchzehen
1 großer Bund glatte Petersilie
4 Basilikumblätter
Olivenöl extra vergine

Anchovis, Kapern, Knoblauch, Petersilie und Basilikum mit dem Messer (nicht mit dem Mixer!) sehr fein hacken und so viel Olivenöl unterrühren, bis eine dickflüssige Sauce entstanden ist. Die Sauce kann mit Butterbrot oder Grissini als Antipasto gegessen oder zu Bollito misto, einer weiteren Spezialität aus Piemont, serviert werden.

Diese ungewöhnliche Abwandlung der klassischen *Salsa verde* stammt aus der Trattoria Italia in Castelletto Stura in Piemont. Sie wird jedem Gast zusammen mit einer Schüssel makellos geputzten Gemüses serviert, so daß er sich selbst einen Salat zubereiten kann!

DI FEGATO
SALSICCIA DI CERVO
SALAME AL TARTUFO TUBER AESTIVUM
SALSICCIA DI CINGHIALE AL TARTUFO
SALSICCIA DI CINGHIALE

PANE COTTO CON FORNO A LEGNA
PROSCIUTTO TIPICO UMBRO
PANE CON OLIVE
PANE CON NOCI
PANE CON FORMAGGIO
SALAME DI PROSCIUTTO TASCABILE
Coioni di Mulo

Caponnet

GEFÜLLTE WIRSINGPÄCKCHEN

8 Wirsingblätter aus der zweiten Lage
100 g Luganiga (frische Schweinswurst)
200 g kalter Braten, kleingeschnitten
2 Eier, verquirlt
2 EL Semmelbrösel
1 Knoblauchzehe, sehr fein gehackt
1 Prise frisch geriebene Muskatnuß
55 g Parmesan, gerieben
25 g Butter
Salz und Pfeffer

Den Backofen auf 160° C (Gas Stufe 1–2) vorheizen. Die Kohlblätter in leicht gesalzenem Wasser 5 Minuten garen, bis sie biegsam sind. Abtropfen lassen und mit einem Tuch trockentupfen. Den harten Mittelstrunk eventuell herausschneiden.

Das Wurstbrät zerkrümeln und mit den Bratenresten, Eiern, Semmelbröseln, Knoblauch, Muskatnuß sowie etwa 45 g Parmesan vermischen und mit Salz und Pfeffer abschmecken. Jeweils etwas von der Mischung in die Mitte der Kohlblätter geben, zu einem Päckchen falten und mit einem Cocktailspieß zusammenstecken. Auf ein Backblech legen, Butterflöckchen darauf verteilen, mit dem restlichen Parmesan bestreuen und 20 Minuten im Bratrohr backen. Anschließend heiß oder kalt servieren.

In Canavese und vor allem in Ivrea ist dieses Gericht im Winter auf jedem Fest ein absolutes Muß.

Cavolo (Kohl)

In Italien werden vor allem vier Kohlsorten angebaut: Cavolo Cappuccio (Weißkohl), Cavolo Verza (Wirsing), Cavola Nero (Grünkohl) und Cavolo Cappuccio Rossa (Rotkohl). Die kostbare Sommerware wächst im Norden, die Herbst- und Winterware dagegen im wärmeren Klima des Südens.

Wirsing ist besonders in Piemont, der Lombardei und Venetien beliebt. Er unterscheidet sich von den anderen Sorten durch seine gekräuselten Blätter. Für Caponnet werden die dunkelgrünen, fast blauen Außenblätter um eine Fleischfüllung gewickelt, wie ein Päckchen verschnürt und dann geschmort. Die helleren Innenblätter sind sehr zart und ergeben einen köstlichen Salat, wenn man die dicken Rippen heraustrennt. Dann werden sie fein geschnitten und mit einer Vinaigrette aus Olivenöl, Essig, einigen pürierten Achovisfilets und etwas mildem Senf angemacht.

Cipolle Ripiene

GEFÜLLTE ZWIEBELN

8 große Zwiebeln (von der Größe einer kleinen Orange)
200 g Luganiga (frische Schweinswurst)
1 EL Olivenöl
1 EL Semmelbrösel
1 Ei, verquirlt
1 EL Rosinen
1 EL Pinienkerne
2 Amaretti, zerkrümelt
1 EL geriebener Parmesan
1 Prise frisch geriebene Muskatnuß
1 Prise Zimt
Salz und Pfeffer

Den Backofen auf 180° C (Gas Stufe 3) vorheizen. Die Zwiebeln schälen, in leicht gesalzenem Wasser 10 Minuten garen und abtropfen lassen.

Das Wurstbrät aus der Haut lösen und zerkrümeln. Olivenöl in einer Bratpfanne erhitzen und die Wurstmasse darin anbräunen. Abkühlen lassen, dann mit Semmelbröseln, verquirltem Ei, Rosinen, Pinienkernen, zerkrümelten Amaretti, Parmesan, Muskatnuß und Zimt vermischen und mit Salz und Pfeffer abschmecken.

Die Kappen der Zwiebeln abschneiden, die Zwiebeln mit einem Löffel aushöhlen. Mit der Wurstmischung füllen und 20–25 Minuten im Ofen backen. Heiß oder kalt servieren.

Cipolla (Zwiebel)

Die Zwiebel ist seit Jahrtausenden in Italien heimisch. Man verwendet sie für mancherlei Zwecke. So bringt man sie zum Beispiel zur Gärung, um ein alkoholisches Getränk zu gewinnen. In der italienischen Küche braucht man sie in großen Mengen für Saucen, Ragouts, Suppen und Risotti. Wichtige Anbaugebiete sind Sizilien, Apulien, Kampanien und die Emilia-Romagna. Im Laufe der Jahrhunderte wurden Tausende von Zwiebelsorten in den unterschiedlichsten Formen, Farben und Größen herausgezüchtet. Die meisten wurden nach ihren Herkunftsorten benannt, wie Ramata di Milano oder Rossa Piatta di Bassano.

Die rosiggoldenen Zwiebeln haben den intensivsten Geschmack, die weißen und roten sind gewöhnlich milder. Es gibt einen grundlegenden Unterschied zwischen Küchenzwiebeln und Zwiebeln, die zum Einlegen oder Rohessen verwendet werden, und das ist die Größe. Küchenzwiebeln sind größer, wobei die ganz großen Exemplare nicht nur gehackt und zum Aromatisieren verwendet, sondern auch gerne gefüllt und gebacken werden.

Carne all'Albese

ROHES FLEISCH NACH ART VON ALBA MIT PARMESAN UND WEISSER TRÜFFEL

400 g Rinderfilet, in sehr dünne Scheiben geschnitten
4 EL Olivenöl extra vergine
Saft von 1 Zitrone
12 Spargelspitzen, gekocht
4 Selleriestangen, in feine Scheiben geschnitten
85 g Parmesan, in feinen Scheiben
45 g weiße Trüffel, fein gehobelt
Salz und Pfeffer

Die Rindfleischscheiben zwischen zwei Lagen Küchenfolie vorsichtig mit dem Fleischklopfer oder dem Ende eines Nudelholzes sehr dünn klopfen, bis sie eine Stärke von etwa 1 bis 2 mm haben. Auf vier Tellern auslegen, ohne daß sie sich überlappen. Mit Salz und Pfeffer würzen und mit Olivenöl und Zitronensaft beträufeln. Die Selleriescheiben, Spargelspitzen, Parmesan- und Trüffelspäne über dem Fleisch verteilen und zu Grissini servieren.

Carpaccio (aufgeschnittenes rohes Fleisch)

Dieses Gericht aus hauchdünnen Scheiben rohen Rindfleischs mit einer Sauce aus Mayonnaise und verschiedenen Gewürzen wurde in dem berühmten Restaurant Harry's Bar in Venedig erfunden. Die Bezeichnung Carpaccio wird heute in der ganzen kulinarischen Welt für sehr dünn aufgeschnittene Scheiben von Fleisch, Fisch oder sogar Gemüse verwendet. Sie werden mit einer Würzsauce übergossen, die meist aus Zitronensaft oder Essig, Olivenöl und Gewürzen besteht.

Der Reiz dieses feinen Gerichts aus Piemont liegt in seiner Einfachheit und in der unüberbietbaren Kombination von Fleisch und weißer Trüffel.

Affettato Misto

PIEMONTESER AUFSCHNITTPLATTE

8 dünne Scheiben Prosciutto crudo (siehe Seite 60)
4 dünne Scheiben Coppa (siehe Seite 58)
4 dünne Scheiben Mortadella
8 Scheiben Salami
etwa 12 süßsauer eingelegte Zwiebeln
etwa 100 g konservierte Wildpilze
4 in Öl eingelegte Artischockenherzen, abgetropft
etwa 100 g Mixed Pickles
Zucchini alla Scapece (siehe Seite 15)
frisches italienisches Landbrot oder Grissini (siehe Seite 59)

Affettato (Aufschnitt)

Dieser Begriff für konservierte Fleischwaren wird hauptsächlich für Schweinefleischprodukte wie Schinken und Salami verwendet. Auf der Platte mit dem beliebten Antipasto oder Affettato misto dürfen aber auch Sorten wie Bresaola, Mucetta und Wildschwein liegen.

Arrangieren Sie die Aufschnittscheiben erst kurz vor dem Servieren auf einer großen Anrichteplatte und verteilen Sie die restlichen Zutaten in separaten Schälchen auf den Tisch, so daß sich die Gäste selbst bedienen können. Dazu reicht man knuspriges Brot oder Grissini.

Antipasto und *affettato misto* sind sehr beliebt bei vielen Italienern. Roher Schinken ist dabei die Hauptzutat.

Mozzarella in Carrozza

GEBRATENES MOZZARELLA-SANDWICH

Pro Person
2 dicke Scheiben Pane di campagna (weißes Landbrot)
Milch zum Einweichen
1 große Scheibe Büffelmozzarella
2 Eier, verquirlt
Salz
Mehl zum Wälzen
Olivenöl zum Braten

Die Brotscheiben einige Sekunden in Milch tauchen, aber nicht durchweichen lassen. Abtropfen lassen, eine Scheibe mit Mozzarella belegen und mit der zweiten Scheibe bedecken. Zuerst in Mehl, dann in Ei wälzen und in reichlich Olivenöl 5 Minuten goldgelb braten, dabei einmal umdrehen. Sofort servieren.

Ursprünglich aus Neapel und Kampanien stammend, wird dieses Gericht heute in vielen italienischen Bars als Mittagsimbiß frisch zubereitet und heiß und knusprig serviert.

Mozzarella (Büffelweichkäse)

Dieser Käse aus Süditalien hat seinen Namen von der Technik, mit der die geronnene Milch mit den Fingern auseinandergerissen wird (mozzare), um daraus Kugeln zu formen. Das Besondere an Mozzarella ist ihr ungewöhnlich niedriger Fettgehalt (Büffelmilch enthält 7 bis 7,5 % Fett).

Frische Mozzarella hat einen süßen, nussigen und leicht salzigen Geschmack und ist makellos weiß. Sie sollte ein paar Löcher haben, aus denen Molke tropft, wenn man sie schneidet. Frische Mozzarella-Scheiben schmecken köstlich mit etwas Salz, Pfeffer und kaltgepreßtem Olivenöl oder mit Tomatenscheiben und Basilikumblättern als Mozzarella caprese.

Bruschetta

GERÖSTETES WEIZENBROT

6 Portionen
1 Laib Ciabatta (Weizenbrot), in 5 cm dicke Scheiben geschnitten
2 große Knoblauchzehen, geschält
8 EL Olivenöl extra vergine
2 große, reife Fleischtomaten, sehr fein gehackt
frische Basilikumblätter,
Salz und Pfeffer

Den Backofen auf 200° C (Gas Stufe 3) vorheizen. Die Brotscheiben auf ein Blech legen und 10 bis 15 Minuten goldbraun backen. Aus dem Backofen nehmen und sofort mit den Knoblauchzehen einreiben. Der Knoblauch sollte auf dem Brot schmelzen. Etwa die Hälfte des Öls über die Scheiben träufeln, Tomaten obenauf verteilen und pro Scheibe 1 Blatt Basilikum darauflegen. Salzen und pfeffern und mit dem restlichen Öl beträufeln. Noch warm servieren oder im voraus zubereiten.

Fettunta

GERÖSTETES TOSKANA-BROT

8 Portionen
8 Scheiben ungesalzenes Toskana-Brot
1 Knoblauchzehe, geschält
6 EL toskanisches Olivenöl extra vergine
Salz und Pfeffer

Die Brotscheiben auf beiden Seiten rösten und sorgfältig mit dem Knoblauch einreiben. Olivenöl darüber träufeln, mit Salz und Pfeffer bestreuen und warm servieren.

Bruschetta / Fettunta (Röstbrot)

Bruschette sind geröstete Brotscheiben, die man mit Öl, Fett und Knoblauch aromatisiert und entweder separat als kleinen Imbiß oder zu Antipasti ißt. Bei den beliebtesten Zubereitungsformen werden die Toastscheiben mit einer Knoblauchzehe eingerieben und mit kaltgepreßtem Olivenöl beträufelt, aber auch mit Schweineschmalz oder Gänsefett bestrichen. In Latium und den Abruzzen träufelt man Olivenöl darüber und belegt das Brot anschließend mit gehackten Tomaten und Basilikum. In der Toskana wird die Bruschetta auch Fettunta genannt, was soviel bedeutet wie »geölte Brotscheibe«, und mit ungesalzenem Brot zubereitet.

Glossar

Bresaola/Luftgetrocknetes Rindfleisch
Im Valtellina-Tal in der Lombardei gibt es eine alte Tradition, Rindfleisch zu salzen und an der Luft zu trocknen. Danach wird es dünn aufgeschnitten und kurz vor dem Servieren als Antipasto mit Zitronensaft und Öl beträufelt. Bresaola hat eine runde Form, ist nur leicht gesalzen und ähnelt dem Bündner Fleisch.

Ciabatta/Weizenbrot
Eine der beliebtesten Brotsorten in Italien ist Ciabatta, hergestellt aus Weizenmehl Typ 0. Ihre charakteristische Weichheit und Feuchtigkeit sind auf die lange Gehzeit von etwa 6 Stunden zurückzuführen, in der sich die großen Luftlöcher bilden. Indem man während des Backens Wasser im Backofen verdunsten läßt, erhält sie eine weiche Kruste.

Coppa/Schweinenacken
Frischer Schweinenacken ist sehr saftig, wenn man ihn schmort oder langsam brät. Oft wird er jedoch in Salzlake gelegt, in einen Darm gestopft, zugebunden und mindestens 6 Monate an der Luft getrocknet. Das ergibt die bekannte Coppa. Da sie aus großen Stücken fetten und mageren Fleisches besteht, sieht sie aus wie eine sehr fette Wurst, enthält jedoch nur 40 Prozent Fett. Man ißt sie in dünne Scheiben geschnitten als Antipasto.

Crostini di Pane/Toskanisches Röstbrot
Crostini, seit kurzem überall in der westlichen Welt in Mode gekommen, stammen ursprünglich aus der Toskana, wo man ungesalzenes Brot verwendet. Die gerösteten Scheiben bestreicht man mit Hühnerleberpastete oder Wildschweinragout oder belegt sie mit Gemüse. Die Toskaner essen diese Canapés zum Aperitif, heute bekommt man jedoch häufig auch eine Auswahl mit verschiedensten Belägen als ersten Gang gereicht. Die feinsten Crostini sind mit Pastete bestrichen und einem Stück Trüffel garniert.

Crespone/Schweinefleischsalami
Diese ziemlich große Salami wird aus reinem Schweinefleisch hergestellt. Man erhält sie vor allem in Norditalien. Ihren Namen (von *crespo*, gekräuselt) verdankt sie der Haut des Schweinedarms. Man ißt sie vor allem als Antipasto. Siehe auch Salame.

Culatello/Schinken
Zibello, eine Stadt in der Nähe von Modena, ist das Herstellungszentrum dieser berühmten Spezialität aus der Emilia-Romagna. Culatello ist der Kern des Schinkens, der zarteste Teil, der rund zugeschnitten, mit Salzlake behandelt, in eine darmähnliche Haut gesteckt und längere Zeit an der Luft getrocknet wird. Er schmeckt sehr mild und zergeht auf der Zunge. Um den Geschmack noch zu steigern, kann man ihn von der Haut befreien und in Rotwein marinieren. Man serviert ihn dünn aufgeschnitten allein oder mit anderen Antipasti.

Focaccia/Fladenbrot
Focaccia, die man in zahllosen regionalen Varianten kennt, ist ein flaches Brot aus einem Teig, der mit Olivenöl und Salz hergestellt wird. Er wird in eine Blechform gepreßt, anschließend drückt man mit dem Finger kleine Vertiefungen hinein, in denen sich das Olivenöl, das großzügig darüber gegossen wird, sammeln kann. Dies verleiht dem Brot seinen wunderbaren Geschmack. Dann betreut man es sparsam mit grobem Salz und bäckt es, bis es goldbraun ist. Man ißt es als Imbiß oder als Stulle, belegt mit reichlich Mortadella.

Die Focaccia war Vorbild für die neapolitanische Pizza sowie für deren pikante und süße Versionen im Veneto und in der Emilia-Romagna, die aus Maismehl hergestellt werden. Zu ihren regionalen Abwandlungen gehört auch *smacafam* aus dem Trentino, das aus Buchweizenmehl besteht. Der Teig, der Zwiebeln enthält, wird mit Wurstbrät belegt und in einer mit Schweineschmalz eingefetteten Form gebacken. Die kalabrische *pitta* ähnelt dem orientalischen Fladenbrot, hat aber eine Ringform. Noch heiß, wird sie aufgeschnitten und mit *ciccioli* (Grieben), Öl und Chili oder geriebenem Pecorino gefüllt.

Die schmackhafteste Version ist wohl die *Focaccia al formaggio*, eine Spezialität aus Camogli, einem zauberhaften Fischerdorf in der Nähe von Genua. Zwei sehr dünne Teigplatten aus Mehl, Wasser, Öl und Hefe werden hier zu einem Strudel ausgezogen, der mit reichlich Stracchino-Käse gefüllt, mit Öl beträufelt und dann gebacken wird, bis der Käse geschmolzen ist.

GRISSINI/ BROTSTANGEN

Grissini, dünne, knusprige Brotstangen aus Mehl Typ 0, Wasser, Hefe und manchmal etwas Olivenöl, kommen ursprünglich aus Turin, werden heute aber auf der ganzen Welt gegessen. Sie können bis zu 70 cm lang sein und können leicht selbst hergestellt werden, indem man Teigstücke zu langen, runden Stangen rollt und diese bäckt, bis sie trocken und knusprig sind. Um eine etwas krümeligere Struktur zu erhalten, kann man etwas Öl oder Butter in den Teig mischen. Grissini werden auch industriell hergestellt und halten sich, in Zellophan verpackt, mehrere Monate. Gerne werden sie zu Antipasti gereicht, anstelle von Brot zu den Mahlzeiten oder als Snack mit fein geschnittenem Parmaschinken umwickelt.

OLIVA/ OLIVE

Oliven werden durch Fermentierung haltbar gemacht. Diese wird auf natürlichem Wege durch die in der Schale sitzenden Milchsäurebakterien ausgelöst und schützt die Oliven vor dem Verderb. Nach der ältesten Methode zur Konservierung kleiner grüner Oliven gibt man diese 10 Tage in täglich gewechseltes kaltes Wasser, legt sie dann in Salzwasser ein und bewahrt sie an einem kühlen Ort auf. Größere Oliven wie Ascolana und Cerignola werden vor dem Einlegen in Lake mit Ätznatron und Kalk behandelt.

Die sizilianischen Oliven mit der Bezeichnung Olive Bianche müssen lange Zeit in einer sehr starken Salzlösung liegen, die ihnen die Farbe entzieht. Dann wäscht man sie mehrmals, um das Salz zu entfernen, und bewahrt sie in einer schwachen Salzlake auf. Produzenten pasteurisieren oder sterilisieren die Oliven, bevor sie sie in großen Dosen verkaufen. Diese werden entweder ganz gelassen oder entsteint und mit Paprika- oder Pfefferstücken gefüllt. Schwarze Baresane-Oliven werden vor dem Sterilisieren und Eindosen mit Ätznatron und Kalk süß gemacht.

Bekannt für ihre Schärfe und in der italienischen Küche besonders beliebt ist die schwarze Oliva di Gaeta. Sie wird je einen Tag in Wasser, dann in Salz gelegt, weitere 40 Tage in Wasser eingeweicht und zum Schluß in einer milden, gekochten Lake aufbewahrt. Diese Oliven eignen sich hervorragend als Antipasto. Eine meiner Lieblingsoliven ist eine kleine, schwarze Sorte, die im Backofen getrocknet wird und dadurch einen beonders konzentrierteren Geschmack erhält.

Auf italienischen Märkten wird eine große Auswahl Oliven angeboten, bis zu 20 verschiedene ganze oder gefüllte Sorten. Die meisten ißt man mit Brot als Antipasto, andere eignen sich jedoch nur zum Kochen, besonders für Rezepte aus Sizilien, wo die Olive eine unentbehrliche Zutat ist, wie beim Gemüseeintopf *Caponata*.

PANCETTA/
DURCHWACHSENER SPECK

Pancetta wird aus Schweinebauch, italienisch *pancia*, hergestellt und spielt eine sehr wichtige Rolle bei der Zubereitung verschiedener Gerichte. Sie wird meist gebraten und dient als Grundlage für Saucen, wie die bekannte *carbonara*, eine Pastasauce aus kleingewürfelter gebratener Pancetta – oder *guanciale* (Schweinebacke), wie Puristen es verlangen –, die zum Schluß mit rohem Ei verrührt wird.

Mit frischer Pancetta kann man *Minestrone* und andere Suppen zubereiten. *Pancetta curata*, gesalzen und luftgetrocknet, oder *arrotolata*, aufgerollt, werden dünn aufgeschnitten und als Antipasto serviert. Heute erhält man Pancetta auch *affumicata* – geräuchert. Man findet sie in vielen von der Küche des benachbarten Österreich beeinflußten norditalienischen Gerichten. Aus der Toskana kommt *rigatino pancetta*, ein dünner durchwachsener Speck.

PANE/ BROT

Eines der Grundnahrungselemente aller Italiener ist Brot. Je nach regional vorherrschenden Getreidesorten und Ernährungsgewohnheiten essen sie täglich große Mengen davon. Am häufigsten verwendet man Weizen zum Brotbacken, der zu einem feinen, weißen Mehl (Typ 00 oder *doppio zero*) gemahlen wird, das man auch zur Herstellung von frischen Eiernudeln und anderen Backwaren benutzt. Weniger feines Mehl wird als Typ 0 eingestuft und so weiter bis hin zum Vollkornmehl, genannt *integrale*, das noch die Getreidespelzen enthält. Obwohl Vollkornmehl bekanntlich nahrhafter ist und mehr Ballaststoffe enthält, ist Weißbrot in Italien wesentlich beliebter als gröberes Vollkornbrot. In Süditalien fügt man dem Weizenmehl Hartweizengrieß hinzu, wodurch das Brot eine festere Konsistenz bekommt. Weitere Getreidearten, die ebenfalls zum Brotbacken verwendet werden, verleihen dem fertigen Produkt jeweils spezifische Eigenschaften. Man verwendet zum Beispiel Roggen-, Mais- und Stärkemehl, das unter das Weizenmehl gemischt wird, damit das Brot mehr Geschmack entwickelt und leichter verdaulich wird.

In Norditalien bevorzugt man sehr weißes Brot in kleineren Formen, *focaccia* in Ligurien, in der Emilia-Romagna *pane a pasta dura*, ein Weißbrot von härterer Konsistenz, sowie ein *piadina* genanntes Fladenbrot. Die Toskana kennt das salzlose *pane sciocco* als Beilage zu schmackhaften Speisen, Salami und pikant Eingemachtem. In Rom liebt man *sfilatino*, eine kurze Baguette, auch *bastone* (Stock) genannt. Im Süden dagegen zieht man ein gehaltvolleres Brot vor, etwa *pugliese*, das aus Hartweizen hergestellt wird und länger frisch bleibt. Viele Brotspezialitäten enthalten auch geschmackgebende Zutaten, wie Schmalz, Butter, Olivenöl, sonnengetrocknete Tomaten, Kräuter, Oliven, Nüsse und eine ganze Reihe von Samen und Gewürzen.

PANE A CASSETTA, PAN CARRÉ/ KASTENWEISSBROT

Dieses Weißbrot aus Mehl Typ 0, Wasser und Hefe wird in einer *cassetta* genannten Form gebacken, die verhindert, daß es stark auseinandergeht, und ihm eine kompakte, fast quadratische Form verleiht. Nach dem Entfernen der Kruste kann man daraus kleinere Quadrate schneiden und Kreise ausstanzen, etwa für Canapés und Sandwiches, oder es in kleine Würfel schneiden, die man röstet und als Croûtons über Suppen und Salate gibt.

PROSCIUTTO/SCHINKEN

Früher mußte Fleisch konserviert werden, um es auch ohne Kühlung längere Zeit haltbar zu machen. Die Produktion von Schinken wurde jedoch bald nicht mehr in erster Linie als Konservierungsmöglichkeit betrachtet, sondern als eigenständige Spezialität. Der *prosciutto*, dessen Bezeichnung sich wahrscheinlich vom lateinischen *perexustus* (»getrocknet«) herleitet, gehört zu den beliebtesten italienischen Nahrungsmitteln. *Prosciutto crudo* (roher Schinken) ist der wichtigste Bestandteil eines italienischen Antipasto. Man ißt ihn entweder mit Melone oder Feigen und reicht dazu Grissini oder knuspriges Brot. Er kann aber auch Teil eines Hauptgerichts sein, zum Beispiel mit gebuttertem Spargel und Salzkartoffeln.

Parmaschinken, nur eine von vielen Prosciutto-Sorten, ist so bekannt, daß man ihn unwillkürlich für den Prototyp aller italienischen Schinken hält, obwohl auch viele andere Regionen ihren eigenen Prosciutto produzieren. Parmaschinken stammt von Schweinen, die in der Emilia-Romagna oder Lombardei gezüchtet werden. Das Rohgewicht der Schinken muß mindestens 10 bis 11 kg betragen. Die Produktion wird vom lokalen Herstellerverband kontrolliert, der garantiert, daß der Schinken im Ort selbst auf traditionelle Weise gesalzen und getrocknet wird. Er übernimmt auch die Garantie dafür, daß die Schweine, die die Schinken liefern, auf traditionelle Weise gehalten und mit Molke aus der Parmigiano-Reggiano-Produktion, Mais und anderer natürlicher Kost gefüttert werden, so daß ihr Fleisch zart und voller Aroma ist. Ein weiterer ausgezeichneter Schinken ist der etwas kleinere, aber sehr milde San Daniele aus der gleichnamigen friulanischen Stadt.

Andere Gegenden, in denen gute Schinken produziert werden, sind die Toskana, Venetien, Kampanien, Langhirano und San Leo (wo die Schweine angeblich teilweise mit

Eicheln gefüttert werden). Die besten Schinken müssen zwischen 16 und 18, manchmal sogar bis zu 24 Monate trocknen. Sie reifen am Knochen und werden so dünn wie möglich von Hand aufgeschnitten.

Damit Schinken mit der Maschine geschnitten werden können, wird der Knochen nach dem Reifen mit einem Spezialgerät von einem besonders ausgebildeten Schweinemetzger entfernt. Danach wird der Schinken in eine Form gepreßt und schließlich luftdicht in dicke Kunststoff-Folie verpackt. Dennoch läßt sich der Geschmack eines frisch aufgeschnittenen Schinkens nicht mit dem abgepackter Ware vergleichen.

Laut Auskunft des Verbands der Parmaschinkenproduzenten verwandelt sich während der Behandlung ein großer Teil des gesättigten Schinkenfetts in ungesättigtes, so daß Prosciutto mit seinen perfekt ausgewogenen Eiweißen und Fetten, seinem niedrigen Cholesteringehalt und seinem Reichtum an Vitaminen und Spurenelementen ein noch viel gesünderes Nahrungsmittel ist, als man denkt.

Prosciutto Cotto/ Gekochter Schinken

Diese Variante des *prosciutto crudo* besteht aus demselben Stück des Schweins. Das gewürzte Fleisch wird eingesalzen, in eine viereckige Form gepreßt und in speziellen Öfen in Dampf gegart. Wie roher gehört auch gekochter Schinken auf eine typische Vorspeisenplatte, wird aber auch zum Würzen von Saucen und gekochten Gemüsen oder für Füllungen verwendet. Eine billigere Version besteht aus Schweineschulter. In einigen Teilen Italiens nennt man *prosciutto cotto* auch *giambone*.

Salame/ Dauerwurst

Im Laufe der Zeit wurden verschiedene Methoden entwickelt, Fleisch zu konservieren, darunter das Luft- oder Sonnentrocknen oder die Verwendung von Salz, Zucker, Honig, Essig oder Alkohol. Die Konservierung von Fleisch, vor allem des alljährlich geschlachteten Schweins, hat zur Entwicklung von Spezialitäten wie Schinken und Würsten, aber auch einer Vielzahl anderer Fleischprodukte geführt. Gute Wurst schmeckt nicht nur köstlich, sondern ist, verglichen mit einer Scheibe einfachen gekochten Fleischs, auch äußerst nahrhaft und überdies jederzeit verzehrfertig. Es ist daher nicht überraschend, daß die Italiener sich so gründlich damit beschäftigt haben und daß heute noch so viele Würste nach traditionellen Methoden hergestellt werden.

Salami besteht aus rund 40 Prozent Fett in Form von Schweinefett oder anderem hartem Fett, das in verschieden große Würfel geschnitten wird, während weicheres Fett zum Ranzigwerden neigt. Am Anfang sind die Fettsäuren hoch gesättigt, doch während des Konservierungsvorgangs verwandelt sich ein großer Teil davon in ungesättigte Fettsäuren. Für Salamis wird hauptsächlich Schweinefleisch verwendet, einige enthalten auch eine Mischung aus Schweine- und Rindfleisch, manchmal sogar Pferdefleisch. Das Etikett weist jeweils darauf hin, ob sie reines Schweinefleisch (*puro suino*) oder Schweine- und Rindfleisch (*suino e bovino*) oder sonstiges Fleisch enthalten.

Je nach Salamisorte wird das Fleisch gröber oder feiner gehackt, die Mischung danach mit Knoblauch, Salz, Pfefferkörnern, Chili, Fenchelsamen, Wein, Marsala oder sogar Cognac gewürzt. Nachdem die Därme gefüllt und die Würste in ihre traditionellen Formen gepreßt wurden, werden sie mit Schnur abgebunden und in spezielle Lagerräume gehängt, wo sie mindestens 2 bis 4 Monate unter kontrollierten Luft- und Temperaturbedingungen trocknen müssen. Wenn die Würste verkauft werden, sind sie voll ausgereift und haben mindestens 35 Prozent ihres Ursprungsgewichts verloren.

In jeder Region und in jeder Stadt gibt es einen Salamispezialisten, und jeder schwört auf seine eigene lokale Salamiversion. Einige Salamis werden heute in großen Mengen hergestellt und in die ganze Welt verkauft. Die folgenden Sorten sind nur einige aus der riesigen Auswahl, die man in Italien findet.

Salame milano, auch *crespone* genannt, wird aus sehr feingehacktem Schweinefleisch hergestellt und mit Salz, Salpeter, grob gemahlenem schwarzem Pfeffer und manchmal auch zerdrücktem, in Rotwein mariniertem Knoblauch gewürzt. Das Wurstbrät wird in Naturdärme gestopft, so daß eine Wurst mit einem Durchmesser von rund 8 cm entsteht. Nach dem Abbinden muß sie mindestens 3 Monate reifen. Sie wird in sehr dünnen Scheiben serviert.

Salame ungherese, »ungarische« Salami, wird wegen ihres Räucheraromas besonders geschätzt. Das feingehackte Brät besteht aus gleichen Teilen Schweinefleisch, Rindfleisch und Schweinefett. Sie muß mindestens 3 Monate reifen und wiegt danach etwa 1,5 kg. Sie hat einen Durchmesser von 6 bis 7 cm und wird ebenfalls sehr fein geschnitten serviert.

Cacciatore, »Jägerwurst«, ist klein, wiegt nur etwa 100 g und braucht nicht lange zu reifen. Weil sie so klein ist, konnten sie Jäger sehr gut als Wegzehrung mitnehmen.

Das Fleisch der folgenden Salamisorten ist mittelfein, so daß man deutlich kleine Stückchen Fleisch und Fett erkennen kann. Sie werden *nostrani* genannt.

Salame varzi aus der Gegend von Pavi in der Lombardei ist eine ausgezeichnete reine Schweinefleischsalami mit 30 Prozent Fett. Es wird nichts hinzugefügt außer Salz, Salpeter, ganzen schwarzen Pfefferkörnern und Wein. Sie hat einen Durchmesser von 6 bis 7 cm und muß 3 bis 4 Monate reifen.

Salame di Felino, die aus einer kleinen Stadt in der Nähe von Parma kommt, gehört zu den besten italienischen Salamis und schmeckt in der Regel sehr mild. Zu den verwendeten Zutaten gehören Abfälle des Schweinefleischs, das bei der Herstellung von Parmaschinken übrigbleibt, und ein wenig Fleisch von der Schulter. Gewürzt wird mit Salz, ganzen schwarzen Pfefferkörnern, Salpeter und eventuell etwas Knoblauch und Wein. Durch die Darmsorte, die man als Haut verwendet, wird sie lang, unregelmäßig geformt und oben etwas dünner als unten. Der Reifeprozeß dauert mindestens 3 Monate.

Salame fabriano, *salame genovese* und *salame veronese* sind der *salame di Felino* sehr ähnlich. Sie enthalten nur ein paar andere Gewürze und zeichnen sich durch ein etwas anderes Verhältnis von Fleisch und Fett aus.

Im Gegensatz zu den vorher genannten Salamis enthält *salame toscano* oder *finocchiona* (mit Fenchel gewürzte Salami) gleiche Mengen von Schweinefleisch und Fett. Mit einem Durchmesser von etwa 15 cm ist sie außerdem viel dicker als die anderen und neigt zum Krümeln, wenn man sie anschneidet. Deshalb wird sie auch *sbriciolana* – »krümelig« – genannt.

Salame napoli ist eine sehr beliebte Salami aus gleichen Teilen Schweinefleisch, Schweinefett und Rindfleisch. Zudem enthält sie Knoblauch, Pfeffer, Wein, Salz, Salpeter, Paprika und gehackten Chili, ist also die ideale Wurst für diejenigen, die einen kräftigeren, würzigeren Geschmack bevorzugen.

Ebenfalls würzig oder scharf sind die ausgezeichneten *salsiccie*, die in Kalabrien hergestellt werden (*salsiccia calabrese* und *napoletana*). Bei beiden wird das Brät in einen dünnen Darm gestopft und zum Ring gebunden.

Die *soppressata* ist eine Art gepreßter Salami, die es in ganz Italien gibt. Die venezianische Sorte, die *soppressa* heißt, besteht aus Schweinefleisch und hat einen Fettgehalt von 30 Prozent. Sie muß 10 bis 15 Monate reifen. Die kalabrische *soppressata* ist wahrscheinlich die begehrteste und besteht aus drei Vierteln Schweinefleisch und einem Viertel Schweinefett, die mit dem Messer grob gehackt und mit Knoblauch, Blut, Paprika, Wein, Salz, Pfeffer und Chili vermischt werden. Dann wird sie geräuchert und muß 3 bis 4 Monate reifen.

Speck

Diese österreichische Spezialität gelangte erst kürzlich nach Mittel- und Süditalien. Zuvor war sie nur denjenigen Italienern bekannt, die nahe der österreichisch-italienischen Grenze lebten. Speck wird gesalzen, geräuchert und luftgetrocknet. Er schmeckt allein ganz ausgezeichnet, wird aber auch häufig für Saucen, Ragùs und Schmorgerichte verwendet. Er ähnelt dem Parmaschinken, ist aber wesentlich billiger.

Alphabetisches Rezeptverzeichnis

Antipasti

Vorspeisen

Die Rezepte/Ratschläge in diesem Buch sind von Autor und Verlag sorgfältig geprüft: dennoch kann eine Garantie nicht übernommen werden. Eine Haftung des Autors bzw. des Verlags und seiner Beauftragten für Personen-, Sach- und Vermögensschäden ist ausgeschlossen.

Abkürzungen und Erklärungen

EL = Eßlöffel
TL = Teelöffel
l = Liter
g = Gramm
kg = Kilogramm

Titel der englischen Originalausgabe:
The Carluccio's Collection – Antipasti
Ins Deutsche übertragen von Lexa Katrin Gräfin von Nostiz, Ursula Wulfekamp (Rezepte) und Dagmar Lutz (Einleitung)
Die Originalausgabe erschien 1999 im Verlag Quadrille Publishing Ltd., London
Dieser Band ist Teil der bereits erschienenen englischen Originalausgabe:
Carluccio's Complete Italian Food

Redaktion der deutschen Ausgabe: Dagmar Lutz, München
Foodstyling: Priscilla Carluccio
Farbreproduktionen: Colour Scans, Singapur
Satz: GRAMMA GMBH, München
Druck und Bindung: Dai Nippon Printing Co.
Printed in Hongkong

ISBN 3-453-15904-7